# Jo Heyde

# Chwarter Eiliad

© 2025 Jo Heyde / Cyhoeddiadau Barddas ©

Argraffiad cyntaf: 2025

ISBN: 978-1-91158-493-3

Cedwir pob hawl. Ni chaniateir atgynhyrchu unrhyw ran o'r cyhoeddiad hwn na'i gadw mewn cyfundrefn adferadwy na'i drosglwyddo mewn unrhyw ddull na thrwy unrhyw gyfrwng electronig, tâp magnetig, mecanyddol, ffotocopïo, recordio, nac fel arall, heb ganiatâd ymlaen llaw gan y cyhoeddwr.

Cyhoeddwyd gyda chymorth ariannol Cyngor Llyfrau Cymru.

Cyhoeddwyd gan Gyhoeddiadau Barddas.

www.barddas.cymru

Dylunio a chysodi: Adran Ddylunio y Cyngor Llyfrau.

Argraffwyd gan Y Lolfa, Tal-y-bont.

Cyhoeddiadau
**barddas**

# Jo Heyde

## Chwarter Eiliad

*I Neil,
o'r eiliad gyntaf.*

# CYNNWYS

| | |
|---|---|
| RHAGAIR | 2 |
| AMGYFFRED | 5 |
| TROTHWY | 6 |
| SIOPAU | 7 |
|     EVANS Y GRÎN-GROSER | 7 |
|     SAUNDERS HABERDASHERY | 8 |
|     MR KITZBERGER Y CEMIST | 9 |
| AMRANTIAD BYWYD | 10 |
| MWNT | 11 |
|     INTROIT | 11 |
|     LACRIMOSA | 11 |
|     LUX AETERNA | 12 |
| HEDD | 13 |
| ITALIA | 14 |
| BWÏAU COPERNICUS | 15 |
| DWYN SIWGWR | 16 |
| REQUIEM FAURÉ | 17 |
| AR CHWA | 19 |
| JELI | 20 |
| BODUAN | 21 |
| YN UNION FEL Y DYLAI FOD | 22 |
| DETHOLIAD O 'PUM TYLLUAN' | 23 |
|     TYLLUAN FACH | 23 |
|     TYLLUAN FRECH | 24 |
|     TYLLUAN GLUSTIOG | 25 |
|     TYLLUAN WEN | 26 |
| ARIAN POCED | 27 |

| | |
|---|---|
| CALOPTERYX VIRGO | 28 |
| BLAS GAMBLO | 29 |
| MYNNU DAWNSIO | 30 |
| LAFANT | 31 |
| RHITHIO | 32 |
| GWENOLIAID | 33 |
| CAMAU | 34 |
| COLLANA | 35 |
| GORMOD | 36 |
| DYN Y BALŴNS | 37 |
| DAN Y TIR | 38 |
| ATGOF 1: CYSGOD | 39 |
| ATGOF 2: ARCHWILIAD | 41 |
| ATGOF 3: CHWARAE CWATO | 42 |
| AWEL MEDI | 43 |
| BRIFO | 44 |
| Y LLYN DROS DRO | 45 |
| GWYLANOD | 46 |
| Y GRAIG GER YNYS CATRIN | 47 |
| FUNFAIR | 48 |
| GÂT YR ARDD FFRYNT | 49 |
| RHAG OFN | 50 |
| YNG NGHANOL Y FFORDD | 51 |
| DEWIS CARREG GRON | 52 |
| LLAWYSGRIFEN | 53 |

| | |
|---|---|
| DETHOLIAD O GERDDI I GOFIO FY MAM-GU | 54 |
|     CAEL TŶ | 54 |
|     CAEL IAITH | 55 |
|     CAEL SOFFA | 56 |
|     CAEL TRUGAREDDAU | 57 |
|     CAEL CASGLU AFALAU | 58 |
|     CAEL ANADL OLAF | 59 |
| Y BOMPREN | 60 |
| GWEDDI'R HWYR | 61 |
| DEWIS | 62 |
| BARCUD | 63 |
| PAN DORRWYD Y GWAIR AR Y BRYN | 64 |
| CAEL PIANO YW … | 65 |
| LLIWIO AMSER | 66 |
| DEWIS FY LLE | 67 |
| TESSERAE | 68 |
| BLE MAE WASTAD WEDI BOD | 69 |
|     TYNNU CYFRWY | 69 |
|     FE DDAW'R ALWAD | 70 |
|     RHYWBRYD, RHYWLE | 71 |
| COFIO | 72 |
| DIOLCHIADAU | 75 |
| CYDNABYDDIAETHAU | 77 |

# RHAGAIR

Nid yw'n hawdd mynegi pa mor hanfodol yw'r broses o greu imi, neu efallai'n fwy cywir, y weithred o ymroddi'n llwyr i'r broses o greu. Mae'n rhywbeth sydd wastad wedi lliwio fy mywyd, ni waeth beth yw'r cyfrwng.

Ond mae caffael y Gymraeg, ac iaith y gynghanedd, wedi mynd â mi ar daith greadigol y tu hwnt i bob disgwyl. A hynny oherwydd mai dyma'r ddwy iaith sydd mor agos at fy nghalon. Ac er bod cyn lleied o amser wedi mynd heibio ers imi ddechrau ar y daith hon, rywsut, mae'n teimlo fel petasent wedi perthyn imi erioed.

Rhyfedd, efallai, o ystyried nad oedd cysylltiad gennyf â Chymru, ond *ti'n gwybod pan ti'n gwybod* ys dywedir, a heb os nac oni bai, o'r eiliad gyntaf imi gyffwrdd â'r Gymraeg, ac â'r gynghanedd, mi oeddwn yn gwybod!

Fe fyddaf yn fythol ddiolchgar am y fraint o gael siarad yr iaith hon, a hefyd, am fod wedi cael y fath groeso cynnes yng Nghymru gan gynifer o bobl hael iawn eu caredigrwydd wrth imi ymgymryd â hyn oll.

Ni fydd yn fawr o syndod, felly, bod y gyfrol hon yn golygu cymaint imi.

Mae'n gasgliad ble rwyf yn rhannu pwy ydwyf, trwy f'atgofion, trwy bethau rwyf wedi'u gweld a'u synhwyro wrth grwydro yn Ninbych-y-pysgod ac yn y Chess Valley, a thrwy f'ymateb i ddarnau o gerddoriaeth.

Petaswn yn gorfod crynhoi fy mhersonoliaeth mewn un gair, 'greddfol' fyddai'r gair hwnnw. Fy ngreddf sydd yn f'arwain bob tro. A dyma beth sydd wrth wraidd *Chwarter*

*Eiliad.* Minnau'n effro i'r chwarter eiliad pan fo rhywbeth yn fy nharo gan fy nghymell i lunio cerdd yn hollol ddiffuant. Pan dderbyniaf y gerdd o 'rywle'.

Yn y bôn, chwarter eiliad yw pob cerdd, ac er eu bod yn cwmpasu fy mhrofiadau o adeg gynnar iawn hyd at heddiw, maent i gyd yn rhannu un elfen hanfodol ... sef y modd y canfyddaf y byd. Ac mae fy 'stori' wedi'i gwreiddio yn fy nychymyg a'm mynegiant. A dyma obeithio y byddwch yn ei mwynhau, gan ddiolch ichi am eich eiliadau oll wrth ichi ddarllen y gwaith.

**JH**

# AMGYFFRED

*mewn ymateb i'r nofel fer* Jonathan Livingston Seagull *gan Richard Bach*

Gwylia'r wybr a golau'r hwyr,
a daw'r eiliad i'r wylan
godi o'r heli i'r haul,
ar dân i euro adenydd;
er dilyn trywydd unig,
â i deml ble caiff deimlo
byd uwch na bywyd achau,
a'r gwayw a ddeillia o'r gwir.

# TROTHWY

Cerdded ar hyd
yr *esplanade*
a siâp Pen Pyrod pell
yn arafu fy ngham.
Synau'n dod
o'r maes parcio.

Lorri ludw.
Clatsh caeadau.

Mae melystra sbwriel yr haf
wedi eplesu'n araf
yn nhywyllwch plastig ...

aroglau sâl y gwres
yn lasbrint ar yr awel.

Mor hawdd edrych
dros sglein y reilins
am eiliad,
a rhyfyg-ddisgwyl emrallt y don;
ond heddiw,
mae lliw'r dre yn y lli ...
ewyn brown
môr brwnt
yn llepian-staenio'r bore.

## MR KITZBERGER Y CEMIST

Sbectol gron
a moelni chwyslyd,
ac aroglau llethol
Germolene;

trio dyfalu pa flas
fyddai'r moddion ...

mefus-ryddhad
'ta oren-crychu-llygaid,
a dychmygu'r llwy'n
gwthio i'm ceg,
a'r driblo bwriadol
i gael gwared arno;

fy llygaid
yn chwim-sganio'r silffoedd,
a'm perfedd yn gwingo
wrth imi weld
y gelyn Kaolin
a'i hanner brown, hanner gwyn
yn gadael adflas sur
ar y bore.

## AMRANTIAD BYWYD

Ôl ing a liwia angel,
a'i adain wen ar ffenest
ddilychwin y gegin; gwib
wedi rhewi ar drawiad,
a phlwc y corff a phlu cam
yn swp o barlys a sioc
ar oerni'r teras; glasa'r
dydd, cyn i'r bore ymdoddi
i oriau'r hwyr; aur yw'r ardd
wedyn ... yr aderyn du
wedi ffoi i fachlud ffawd,
a'r gwydr yn cario ei gân.

# MWNT

*dilyniant o dair cerdd mewn ymateb i Requiem Sculthorpe*

## INTROIT

Siâp y tirlun yn llunio
fy oriau braf ar y bryn,
a'r pendil yn encilio
i wagle syml eglwys wen;
hwyr yr hydref yn crwydro'n
araf; ni chlywaf mo'i chloch,
ond lliw oes ennyd llesol
a haul mud oleua Mwnt.

## LACRIMOSA

Colli amser; prudd-der pren
a fyn lefain ôl hafau
hanes hir; ac ynys hael
a welaf rhwng ei waliau;
gwisg o hyd hen gysgodion
a fu; ac eto mae'n falm
mewn byd swnllyd; ac, o'r saib
ar y bryn, cyfennir briw.

## LUX AETERNA

Aur llafn yn archwilio'r llwch
ym mwa'r to; dyma'r taw'n
rhannu sêr a gloywder glân
â'r hwyr; anadlaf, cyn troi;
ond nid oes trothwy mwyach
i'w gael; caf ddod â'r golau
gyda mi wrth gadw Mwnt –
mae nodau ei salmau'n saff.

# HEDD

Un yw'r waedd, un yw'r weddi,
Un yw'r grym all rwystro'r gri.
Un yw'r iaith a ffafria wên,
Un yw'r hawl i liw'r heulwen,
Un yw'r *Pam?* i bob camwedd,
Un yw'r pla a heria hedd,
Un yw'r bai am gur bywyd,
Un yw'r bobl all uno'r byd.

# ITALIA

Y gwyliau gorau a lliw Liguria,
haf o awelon a *bougainvillea*,
*il sole* a *saib*, hwyl *sulla sabbia*,
a'r oriau 'pa ots' wrth grwydro'r *piazza*,
byd dilychwin *l'inglesina*, – er maeth,
deuai ei hiraeth wrth newid *aria*.

# BWÏAU COPERNICUS

... camau haf
yn troi ar byllau treio
basddwr yr harbwr; orbit
araf, byd ben i waered
a'r haul yn suddo i'r hafn
asur, yn rhith o gysawd
      ar slic y môr.

# DWYN SIWGWR

*'Children should be seen and not heard!'*

Anodd eistedd yn ddistaw,
os mudo llais, symud llaw ...
bale ar fyl y bowlen,
a rhag ei 'Ust!', trio gwên;

ôl ei wg yn ei lygaid,
er y risg, rywsut mae'n rhaid
cipio un, 'mond un ciwb bach,
i loes flasu'n felysach.

# REQUIEM FAURÉ

Yn y diwedd,
daeth awr y perfformiad cyntaf;
a'r cyffro yn sisial gefn llwyfan;
minnau'n sefyll yno,
a'm gwên fenthyg yn cadw'r tyndra draw;
blaenau fy mysedd yn plethu cwafrau
trwy ridens y llenni a hongiai'n felfed trwm
ger y grisiau,
ac aroglau sgleiniog y basau dwbl yn falm dros dro;
nid oedd ots gennyf, mewn gwirionedd,
am ansawdd fy llais,
er y byddwn yn yr un rhes â'r merched hŷn na fi –
y rhai a allai ymfalchïo yn eu *vibrato* ystwyth,
tra bo fy soprano innau'n dianc o'm gwddf
yn dynn ac yn denau;
ac nid oedd ots gennyf am fy ngwisg
na'm diffyg colur, ychwaith,
er bod y lleill yn prysur rannu
drych bach a minlliw piws-funud-olaf;
ond roeddwn yn ofni bod o flaen y sgôr
o lygaid astud, a rywsut, geisio
ysgubo deigryn o'm gruddiau,
heb i neb sylwi arnaf –

nid ar y dechrau,
na ... byddwn yn iawn
wrth i gresendo'r *Introit* chwyddo o'm cwmpas,
a sicrwydd camau'r llinynnau'n fy nghadw i fynd ...
ond nid felly
wrth i'r *Lux Aeterna* bylu,
a churiad y *Libera Me*
yn ara' lenwi'r neuadd,
a phob nodyn dwysbigol
yn ormod o boen
i'm calon
ddeuddeg oed
ei dioddef.

# AR CHWA

Ddim yn aml,
ond weithiau,
ar ddiwrnod
sy'n pefrio
â lwc ceiniog
ar lwyd palmant,
yr esgyn gwylan
mor araf
o'r *esplanade*
nes i'w hadenydd
siapio'r gorwel
o Ben Pyrod
i Ynys Bŷr.

# JELI

Coch i mi,
a byth y gwyrdd;

ei foddi a'i doddi
a'r stêm yn pigo,
ac oriau o aros

a phrocio parhaus
i wirio'r *wobble*;

a thro ar ôl tro,
llysnafedd siomedig
yn llithro o'r llwy;

a dysgu'n glou
mai llawer melysach
oedd slei-gipio'r paced
a rhwygo darn
o'r lliw ryberaidd
a'i wthio
i'm ceg
imi gael
cnoi
ar flas
fy nrygioni.

# BODUAN

*Eisteddfod Genedlaethol Llŷn ac Eifionydd 2023*

Nid curo'r glaw
a glywaf,
na rhu'r gwynt
a phrotest adlenni
ar bolion brau,
ond iaith y plant
yn dawnsio i lawr
y llwybr
yn canu'r
dyfodol
dan yr haul.

# YN UNION FEL Y DYLAI FOD

*Chess Valley*

Caeau meddwon,
syrthni'r cwm,
haf o lafant,
haul yn drwm;

si ar adain,
dawns yr aer,
pennau'n nodio,
sêr y gwair;

cysgod brithyll,
pefr y gro,
geiriau'r afon,
ara'r tro;

heddiw clywaf
ger y wig,
nad yw'r ddaear
yn dal dig.

# DETHOLIAD O 'PUM TYLLUAN'

*mewn ymateb i* Glaukopis *gan Edward Cowie*

## TYLLUAN FACH

Bron na sylwais arni
ar bostyn y gamfa,
yn geidwad bach talsyth
yn gwgu ar y bore;
a rhewodd fy nghamau
fwyaf sydyn yn y borfa las;
tawelwch hir
a rhythu rhyngom ...
a'm hanadl yn sownd
yn fy ngwddf;
roeddwn mor agos ati
fel y gallwn gyfri'r smotiau gwynion
a frithai ei thalcen;
yn ara' deg, trois yn ôl
a cherdded i ffwrdd,
gan ddeall mai hi oedd piau'r gamfa,
a'i gât hi ydoedd
wedi'r cwbl;
ac er imi glywed chwa ysgafn
yn cosi fy fferau,
a sŵn sgrialu yn y prysgwydd
wrth imi ymlwybro trwy'r cae,
ni welais hi'n hedfan heibio;
ond erys siâp melynfrown
yng nghysgod fy nghof.

## TYLLUAN FRECH

Mae un man i mi yno,
fy nghuddle,
rhywle ar ôl
yn y goedwig
sy'n ddigon tawel;
cerfluniau tywyll
yn dal dwylo;
dwy alaw
yn adlais
o hen chwedlau;
galwad i'r lleuad
a'i lliw arian ac aur;
hon y gân
a gwyd o deml
y gwdihŵ.

## TYLLUAN GLUSTIOG

Ni welais ei breichiau
yn ymestyn dros y tywysennau aur,
na gwyn ei chorff
yn rhannu heulwen yr hwyr
â lliw'r caeau.
Ni chlywais gyffyrddiad
blaenau plu pererin
yn dylunio dawns
dros symud y gors;
ond teimlais y gaeaf
yn sibrwd hen neges
wrth ddail sych
a ffawydd noeth;

a chrwydrais i lawr y llwybr,
i orwedd yn ddistaw
ger y twyni,
a dychmygu ei gweld
yn cyrraedd y glannau.

# TYLLUAN WEN

Daw'n isel
gan ddilyn yr afon,
a'i hadenydd mud
yn cyffwrdd â'r gorwel;
ac wrth iddi lanio
ar lyfnder boncyff,
mae amser yn dod i stop –
a minnau'n syllu
ar ei hwyneb glân,
a gweld ei hysbryd
yn nyfnder ei llygaid,
ac wrth imi droi,
fe glywaf ei sgrech.

# ARIAN POCED

Bant â fi
â'm *50p*,
dim arian mawr
ond lot i mi.

Mynd i'r siop,
pob silff lawn dop,
minnau'n dewis
caleidosgop.

Teimlo hud
y lliwiau mud,
oriau'n gwylio
patrwm byd.

# CALOPTERYX VIRGO

*y Forwyn Dywyll*

Mae hi yno am ennyd
ger y nant,
ac eurwe'n wisg
a ddawnsia ar chwa trwy'i chwm;

cyrtsi'r *fairy* ar ei ffordd
yn yr heulwen i rywle
a welwn pan oeddwn yn iau,
lle bu rhin llwybrau anwel.

Ai hi yw'r un fyddai'n rhoi
lampau swil ar ddail lili
i'm harwain
at y miri,
a haf hir
o'i chyfaredd?

Hawdd cofio'r mentro,
ond mae'n rhy hwyr
imi ddilyn rhith,
hithau'n hofran-ddiflannu ...
golau
    perl
        dros fwsogl
            pant ...

# BLAS GAMBLO

*i'm tad-cu*

Fe'i cofiaf yn ei gadair freichiau,
a rhaglen y rasys
ac enwau'r ceffylau
yn bader prynhawn Sadwrn ar ei wefus;
a byddai'n codi'n ddisymwth
gan ddatgan yr un peth bob tro,

*wy'n mynd rownd y gornel i'r siop*;

a rywsut, deallwn y gêm,
yr oriau tawel,
yntau'n dychwelyd i'r tŷ
â phecyn o Smarties imi;

ac yn dynn yn ei law,
beiro glas hanner maint,
a sgribls ei syms, a'i rifo ceiniogau,
yn gaeth i bishyn o bapur;

cofiaf ddidoli'r Smarties fesul lliw
gan gadw'r rhai oren tan y diwrnod wedyn,
eu llithro'n ôl i wacter y tiwb,
yn ceisio sicrhau bod rhywbeth yn para ...

ac weithiau, ar ddiwrnod da,
cawn ganddo focs o Terry's Chocolate Neapolitans,
a blas ei enillion
*individually wrapped*;

efallai mai dim ond dilysu ei wâc yr oedd,
ond mae'n well gennyf feddwl,
er gwaethaf ei ddyled,
ei fod yn fy ngharu
gyda'i ddyrnaid o siocled.

# MYNNU DAWNSIO

*mewn ymateb i* Polychromy *gan Mihailo Trandafilovski*

Paid ag edrych ar yr haul,
cau dy lygaid,
bydd oren llachar yn saethu
y tu ôl i'th amrannau,
yn gwibio i'r gofod
mewn smotiau duon;
paid â hedfan
lle bydd y llosg yn cusanu
dy groen gwelw,
a'r fflamau'n
llyfu dy wyneb,
a gorffwylltra'r lliwiau
yn dy ddallu;
neu ildia ... ildia,
a cher i ddawnsio'n
groes i'r curiad,
cer i doddi
nes i'th esgyrn
droi'n ôl
yn atomau,
nes i bob gronyn o'th gorff
uno â'r enfys.

# LAFANT

Clywaf y lafant
cyn troi'r gornel,
mae Medi'n pwyso'n drwm
ar borffor y blodau
penisel,
ond dawnsia'r gwenyn
o'u cwmpas,
gan foli lliw a blas
diwedd yr haf
â'u murmur siriol.

# RHITHIO

*mewn ymateb i* The Water Babies *gan Charles Kingsley*

Ni ffeindiais drysor rhwng sglein y cloriau,
du ac oeraidd oedd gwead y geiriau,
daeth byd enbyd Bedonebyasyoudid
â rhaff a phenyd trwy 'nghraffu innau.

Cas gyfnod o adnabod wynebau
a gawn yn y dwfn, ble ganed ofnau,
y boddi yn ffantasïau'r neuadd,
a'r hud wedi'i ladd gan fraw'r delweddau.

# GWENOLIAID

Dyma Mai'n gwasgaru
siapiau origami
i'r wybren-bapur-sidan,
ei neges wib yn glanio'n
ddotiau a strociau
ar sigl gwifren deligraff;
edrychaf i fyny,
a'r golau wedi
siswrn-dorri
trwy *doily* deiliog
hanner eiliad ...
a'r newyddion yn glir ...
mae'r haf wedi cyrraedd.

# CAMAU

Cyn y bŵts cowboi,
cyn y bŵts *pixie*
a'r plasteri anhepgor ar noson ddisgo,
cyn gwasgu fy modiau i ledr *rouched*
cyn wynned â'm ffrils New Romantic,
cyn y *knee-highs* â'r sips deuddeg-modfedd,
a'r sodlau'n sownd yng nghraciau'r palmant,
cyn fy nghamau oll,
eisteddwn ar stôl fach
yn y siop ar gornel yr heol,
gosod traed ar fetel y Brannock,
dewis *T-bars* newydd,
ac ymarfer cerdded.

# COLLANA

*mewn ymateb i* Collana *gan Justin Connolly*

Mae amser
wedi torri'r clasb
ag ochenaid gollwng gafael,
a pherlau digyswllt
yn ceisio corneli saff;

blaenau bysedd
yn palfalu amdanynt
gan daro hen rythmau
ar galedwch pren;

sŵn rhifo-gasglu gleiniau cof
a hapdrefnu gwead ...
ond at ba ddiben?

Erbyn hyn,
ar lacrwydd llinyn,
mae popeth wedi newid ...

# GORMOD

Safaf yng nghesail y ffenestr yn gwylio'r dydd
yn dod; clywaf awgrym hanner haul; efallai bydd

heddiw'n pwytho'r oriau i rythm y deryn du
a byncia ar y ffens islaw; mae'r lliw ar bob tu,

streips melfaréd melyn yn estyn o gae i gae
rhwng gwrymiau ir; lliain haf yn lapio am y bae

cyn ildio i greigiau a thwyni a lli: gwead hen
glytwaith a'i batrwm byw mor gyfarwydd â gwên.

Pam, felly, f'anesmwythder yn wyneb yr holl
harddwch, a'r teimlad y gallwn, rywsut, fynd ar goll;

digwydd mor ddisymwth, fel nodwydd yn pigo croen,
a minnau'n chwilio'n ofer am achos y boen;

gwell imi syllu y tu hwnt i'r boreau hyn
ar y tŷ wedi'i frodio'n unig ar ben y bryn.

# DYN Y BALŴNS

Sgipio-ruthro, gweld, ar werth,
enfys y bwnsiad anferth
yn ei law – trysorau lu –
a 'ga i un?!' cyn y gwenu.
Mi hawliaf un mawr melyn,
yn falch o'i ddala fy hun.

Â'r trît, araf yw'r trotian –
i wylio'i liw, edrych lan
a'r llinyn yn dynn ... nes daw
awelon yn ddeheulaw
i'w gario'n haul i'r gorwel,
a'i rawd yn nagrau'r ffarwél.

# DAN Y TIR

*ar y bryn yn Ninbych-y-pysgod*

Tybed faint o forynion
sy'n cysgu'n dragwyddol
dan galedwch y cerrig ...
eu bronnau a'u cluniau
yn llunio gwyrddni'r bryn,
a'u gwallt yn hongian
o gysgodion holltau fyrdd;
dyma fysedd yr awel
yn mwytho'u tresi llaes
gan sibrwd gair o gysur
i bob un ohonynt,
yn eu tro,
cyn troi'n geryddgar
at y tonnau gorfoleddus
a gipiodd eu cariadon
'slawer dydd.

## ATGOF 1: CYSGOD

Ro'n i'n arfer chwarae
â'm cysgod ar yr iard;
newid ei siâp,
gwneud iddo gerdded
yn dal a thenau
ar hyd y wal,
y ddau ohonom
law yn llaw,
a minnau'n parablu
fel pwll y môr
am bethau pwysig;
cofiaf fy myd Technicolor,
cipluniau di-sain,
a'r Cinefilm yn dal i rolio;
sugno sierbet trwy licris,
a'm tafod yn troi yn ddu;
trochi concyrs mewn finegr
cyn eu rhoi ar gortyn;
archwilio fy marblis
am dolciau;
cofiaf amser cinio –
haul hanner dydd
yn pwyso ar fy ngwar,
minnau'n eistedd
ar y tarmac poeth,
taflu *jacks*;
coesau noeth,
sanau gwyn
a'm *plimsolls*
yn dynn, dynn
am fy nhraed.

Ac roedd y nos yn dduach,
bryd hynny;
rhuthro i fyny'r grisiau
i gyrraedd y switsh
a thanio'r golau;
edrych dan y gwely,
cyn neidio i loches
cynfasau startsh;
a wynebu cysgod arall ...
cwsg anfoddog,
cwsg yn frith
o fil o gwestiynau,
ac ofnau cudd;
a phob breuddwyd
yn gorffen yn yr un modd –
cwympo ...
cwympo o uchder,
a deffro fel bollt;
ac wedyn,
dechrau eto,
cerdded i'r ysgol,
a chwilio am fy nghysgod
i wirio fy siâp.

# ATGOF 2: ARCHWILIAD

Dechreuodd gyda si,
y gair *inspection*
yn sibrwd ar wefus
y rhai hŷn na fi;
un o'r geiriau hirion hynny
a roliwn ar fy nhafod
i'w deimlo a'i flasu;
roeddwn mor falch
o gasglu geiriau'r oedolion;
ond pan ddaeth y gorchymyn
imi benlinio ar gadair
mewn fest a nicyrs,
a'r nyrs yn chwilio
am lau pen yn fy ngwallt
a gwirio fy ngwadnau
am y *verruca* bondigrybwyll,
penderfynais roi'r gair *inspection*
gyda geiriau cas eraill
megis *blancmange*
a *comprehension*
yn y gist fach gudd
yng nghefn fy meddwl
a pheidio â'i hagor,
byth eto.

# ATGOF 3: CHWARAE CWATO

Dyddiau glawiog,
chwarae yn y tŷ,
cyfri 'ta cwato?
Os cyfri,
wynebu'r wal,
dwylo dros lygaid,
dechrau'n araf cyn cyflymu,
a gwylio'n llechwraidd,
bob tro;
wedi'r cwbl,
'sneb yn moyn
hala gormod o amser
yn chwilio, nag o's?
Os cwato,
rhedeg bant
mor glou â phosib,
sleifio'n ofalus
dan y gwely,
ac wedi eiliad,
gwthio troed mas;
wedi'r cwbl,
'sneb yn moyn
hala gormod o amser
yn cwato, nag o's?
O'n i ddim yn or-hoff
o chwarae cwato.

# AWEL MEDI

Dyma hi, mor ddireidus
yn sbio trwy lwfer y brigau
cyn cipio pac o ddail
a'u sifflo'n glou;
nid eu manwl-ddidoli
yn ôl eu lliwiau, wedyn,
ond eu hapdaflu
dros gae a gwig,
a gwig a chae,
yn orfoleddus, bron ...
newid rheolau'r gêm
gan wfftio haul brolgar yr haf.

# BRIFO

... a phan roddodd
y bag o farblis
a'r pecyn o greons
yn ôl imi,
gan ddweud eu bod
yn anrheg ry fabïaidd iddi,
a hithau yn y flwyddyn uwch,
cofiais, yn ysictod yr eiliad honno,
yr holl sefyll
o flaen silff y siop,
yn ceisio gweithio mas
beth y gallwn ei fforddio
â'm 26 cheiniog
a fyddai wedi'i phlesio.

# Y LLYN DROS DRO

*ar ôl i ystadegau gofnodi'r mis Chwefror gwlypaf ers 1836*

Pwyso ar bostyn
ger cae'r ceffylau –
a gwylio'r
gwyn gloywaf erioed ...
tri chrëyr bach copog
yn bracso *en pointe*
trwy rith o lyn;
ac am eiliad, wedyn,
safant yno
yn borslen-stond
dan befr-belydr yr haul;
a lle bu unwaith
weryru a phedol-suddo i fwd,
gwelaf newydd-deb dawns
ar lwyfan cynefin
diflanedig.

# GWYLANOD

Fe ddônt i sleisio'r bore
o fôr i dre
gan herio cilwen y Velux,
â'u coesau wedi'u smyg-blygu
dan wynder bol;

a hithau wedi taflu
crystiau ei bendith feunyddiol
iddynt,

er mwyn iddynt hwythau
fritho ei lawnt
â phlymiad barus
i bigo ei hunigrwydd;

ni welaf mohoni byth,
cyn y sioe,
nac wedyn, ychwaith,
ond fe'i dychmygaf
yn pwyso'n erbyn y sinc
mewn gŵn nos *flannelette*
â bynions yn stumio'i sliperi,
a safaf yno,
â'm cwsg yn clymu fy ngwallt,

ac am eiliad,
dychmygaf hedfan.

# Y GRAIG GER YNYS CATRIN

*mewn ymateb i* Tribute Heads *gan Elisabeth Frink*

Dyn ...
a neb ...
diadnabod;

un heb wên,
a'i holl boenau
dan y don;
a dienw ydyw;

fe fydd yn codi
inni weld
nad yw'n ildio;
un gwydn,
â'i lygaid ar gau
mewn bedd
sy'n mynnu
boddi i ddofi
gwir ddioddefwr;
heddiw,
daw o'i gaethiwed,
a'r gwynt
yn consurio'i gân.

# FUNFAIR

Yno, fflwff y candi-fflos
a'r haf sy'n binc ar wefus;
bod yn saith, a'r byd yn sioe
am bunt, a phatrwm *bunting*
yn dangos i blantos ble
mae'r reids. On'd yw'r miri rhemp,
a'r cwrdd, a'r holl grwydro cae'n
fythgofiadwy? Dal hwyaid
plastig styfnig; ennill stwff
rhy fawr i freichiau mor fach;
ôl y waedd wrth droelli i lawr
yr *helter-skelter* sgiw-wiff
i fwd ar hesian hen fat;
hyn i gyd, cyn cyrchu'r gât
tua'r hwyr, a llusgo traed;

ond rhaid hawlio trît olaf ...

â'i fan wen a'i hufen iâ,
daw dyn â chwip o nos da.

# GÂT YR ARDD FFRYNT

Oriau'r ha' ... cysur haearn
wrth ddringo-swingo o Sul
i Sul – yn oes o wylio
hud yr heol; storïau'n
odli â cholfach rhydlyd,
geiriau unig a rannwn
â'r rhai oedd piau'r awel.

# RHAG OFN

Cymer lymaid,
rhag ofn imi ddiflannu
cyn cyrraedd gwaelod
y ddalen.
Gad imi arllwys gwin geiriau
ar gynfas ddilychwin.
Cyffyrdda â rhubanau llipa fy ngwallt
wrth i'm pen suddo i'r gobennydd.
Cymer damaid bach, bach
o'm calon
imi barhau'n flas
ar dy dafod,
jest rhag ofn ...

# YNG NGHANOL Y FFORDD

*y barcud a'r llwynog*

Dyma fe yn cadw gwylnos yn ei ddillad parch,
yn plygu ei ben, a'r llall yn syllu'n syn o'i arch

dan yr haul. Un yn talu teyrnged yn ddi-lef,
a'r llall wedi dechrau ar ei daith tua'r nef

ar ôl antur hwyr. Bu unwaith, mae'n debyg, gyffro ras
rhwng y ddau dros gae a bryn, ond un yn cael blas

ar wirio corff, nawr, a'i lygaid craff yn sglein i gyd,
a'r llall a oedd i fod yn graff yn gorwedd ar ei hyd;

arhosaf yno, wedi ara' agosáu
â theiars distaw, a gwylio'i wledd-alaru'n parhau;

yntau'n gyndyn o adael y tarmac poeth,
ond o'r diwedd, daw sgrech ei benderfyniad doeth –

mae'n lapio aur ei glog amdano wrth wyro tua'r gwynt
gan ddwyn rhuban coch oddi ar un fu'n gyfaill gynt.

# DEWIS CARREG GRON

Chwiliaf
am un lefn,
fel arfer ...
un i'w chelu'n
dalismanaidd
yn fy llaw,
imi deimlo
ymylon cysur
rhwng blaenau bysedd
a bôn bawd;
ond weithiau,
os trawa f'ewin
ar arwedd gwrym,
gwrthodaf y diffyg,
fel brad hen ffrind,
a rhaid ei thaflu.

# LLAWYSGRIFEN

Do'n i ddim wir yn deall
y rheswm dros gasglu llofnodion ein gilydd
ar ddiwrnod olaf yr ysgol gynradd.
Pawb yn ymffrostio
yn eu beiros *jumbo* deg lliw
wrth ymgynnull ar yr iard;
a minnau heb benderfynu
ar lofnod digon celfydd eto;
ro'n i wedi bod yn ymarfer
newid fy ysgrifen ers peth amser,
gan efelychu arddull gynnil Mrs Doherty
(a hithau wedi gadael imi fynd gyda hi
i brynu *sherbet pips* o'r siop),
a rhois gynnig ar steil mwy ffansi, wedi 'ny,
â'm llythrennau bach yn fwy crwn,
a'r rhai breision yn flodeuog ...
â chylchoedd, yn lle dotiau ac atalnodau llawn;
gwell o lawer i mi, felly,
na diwrnod olaf yr ysgol gynradd
heb i'm llofnod fod yn barod,
fyddai cael parhau i sgipio bob wythnos
i'r *handwriting lessons*,
lle y gallwn agor fy llyfr ymarfer,
dewis pensel â min,
a threulio awr o bleser pur
yn cadw fy *joined-up*
rhwng dwy linell.

# DETHOLIAD O GERDDI I GOFIO FY MAM-GU

## CAEL TŶ

Cael gŵr a chael tŷ,
cael glo yn y grât;
cael paratoi prydau
a thorri'r sborion yn ddarnau bach i lenwi pei;
cael sgwrio stepen y drws â brws caled,
a'i phengliniau'n goch;
cael gwely dwbl
a chwrlid gwyn â rhidens;
cael colli plentyn
a pheidio â'i drafod.

## CAEL IAITH

Gadael geiriau ar y glannau,
hunaniaeth ar drai,
ffeirio synau am anadl.

Un llythyren yn dychwelyd
fel hen ddarn o froc môr,
a'i gwefusau'n gwrthod ei hildio
i'w hiaith newydd;
yr W arbennig a ddeuai ag eiliad
brin iawn o chwerthin rhyngom,
a hithau'n datgan o flaen sgrin y teledu,
Terry Vogan,
a minnau'n crefu arni i'w ddweud droeon
er mwyn lliwio du a gwyn ei haelwyd.

## CAEL SOFFA

Lliw gwin oedd y soffa;
lliw Bordeaux ... lliw cyfoethog;
a chofiaf redeg cledr fy llaw dros neilon y clustogau
a sibrwd *Antimacassar* drosodd a throsodd
wrth iddi sythu'r darnau o les.
*Antimacassar Antimacassar Antimacassar* –
cân trên stêm.
Minnau'n derbyn y gair.
Beth oedd eu pwrpas?
Dim ond bod yno. Dim ond bodoli.

# CAEL TRUGAREDDAU

A minnau'n gofyn bob tro,
"Ga i edrych yn dy ddroriau?"

Cwpl o hancesi wedi'u plygu'n daclus,
potel fach, fach o *cologne* 4711,
cyrlyrs pinc di-ri, a phinnau gwallt o bob maint.
A llanast o fandiau lastig.

A chrib fetel.
A lapio darn caled o bapur tŷ bach o'i chwmpas,
a'i chwythu fel organ geg,
nes y deuai pinnau bach i'm gwefusau.

## CAEL CASGLU AFALAU

Roedd y goeden afalau'n hael iawn tuag ati,
ac ar ôl casglu llond ffedog o'i ffrwythau,
byddai'n taenu papur newydd wedi melynu
ar fwrdd y gegin,
a gosod pob un afal arno,
pob un ar wahân i atal y pydru.

Doedd dim un i fod i gyffwrdd ag un arall.
Dim cyffwrdd o gwbl.

A phan oedd sawl un wedi aeddfedu,
byddai'n tynnu eu croen
yn un darn cyrliog hir fel sbring,
a minnau'n synnu at ei champwaith,
a hithau'n casglu'r cadwyni gwyrddion
a'u taflu i'r bin.

## CAEL ANADL OLAF

Eistedd ar y carped ger drws ei stafell,
a chlywed ei llais yn ei hanadl;

un ochenaid,

a siffrwd adenydd yn diflannu
trwy hen goedwig ddi-ddail.

# Y BOMPREN

... 'mond hen
estyll rhwng pedwar postyn ...
'na i gyd, eto mae'n geidwad
adawa'r nen trwy ffenestr
y dŵr gwydrog; o edrych
i lawr ac i lawr trwy'r glas,
gwelaf wyn cwmwl unig
yng ngherrynt yr anghyrraedd,
ac ymdonni'r gerddi'n gôr,
        am un ennyd hir.

# GWEDDI'R HWYR

Yn awr olaf yr heulwen,
pa wyrth, gwylio'u plygu pen
tros y lan â'u tresi lu,
yn rhwym i siâp offrymu;

nant a'i cherrynt a'i churiad
yn gloywi hynt a llais gwlad
yn hen seintwar ei harian;

pa wyrth yw'r munudau pan
glywaf osber y berwr
a bâr i'r dail gribo'r dŵr.

# DEWIS

Casglodd y nos
fy mhryderon cysglyd
a'u celu dan *duvet*
a charthen siec,
ond rywle rhwng gwely
a noethni a gwisg,
llithrodd gwên y bore
o'm gafael
i ddistaw-chwilio
amdanynt;

ac felly,
am y tro,
fe safaf fan hyn
ger y ffenestr
a ddeil y wawr,
a gwylio'r byd
o ridens llac
ar ymyl y ffens,
a phum cachgi bwm
yn sïo-sipian
aur pob eiliad
o gwpanau pinc.

# BARCUD

Daw bale'r barcud a'i gylchoedd hudol
i euro'r awyr dan haul boreuol,
dros ei deyrnas, adenydd urddasol,
gwyliaf mewn gobaith daith yr un dethol.
Am ddawn! Cwyd yn hamddenol, gwyn ei fyd,
efe, o hyd, yn rhan o'n dyfodol.

# PAN DORRWYD Y GWAIR AR Y BRYN

*mewn ymateb i Vincent van Gogh*

Blodau menyn *Starry Night*
a myrdd o lygaid y dydd
yn pefr-ddawnsio
ar chwyrliadau glaswellt;
smotiau a streips
yn ir-addurno'r goleddf
tra bo torion cysglyd
yn clwstwr-swatio
ym mhant
eboni'r
tarmac
islaw.

# CAEL PIANO YW ...

Pan ti'n bedair oed,
pan ti'n dod lawr stâr,
pan ti'n agor drws y parlwr,
pan ti'n ei weld yn erbyn y wal,
pan ti'n cael eistedd ar y stôl,
pan ti'n pwyso Middle C,
pan ti'n dechrau gwenu.

# LLIWIO AMSER

Agor bocs a gwirio byd
o liw; yr oriau glawiog
yn rhoi imi erddi ir
ac enfys i'w darganfod;
dwylo ar wynder dalen
a'm haul yn gwenu melyn
a choch; a dedwyddwch oedd
creu un dydd â Caran d'Ache.

# DEWIS FY LLE

Wy ar y bont eto,
ac mae'r pren cedrwydd
wedi rhicio'r hwyr ar groen fy mraich,
crafanc y dŵr yn fy nenu i'w wely gro
dros ymyl garw'r rheilins;
a minnau'n syllu ar ei glwstwr-chwifio,
ei swigod-anadlu'n diflannu (droeon)
y tu hwnt i droad y nant,
a gwelaf fy hun (rywbryd),
wyneb i fyny, dwylo'n sêr,
yn llifo dros gerrig,
heibio i'r goedwig yr ochr draw
a'r llain o *Private Land*
ble mae'r helyg yn gorwedd
yn *cricket-bat-ready*;
a chan nad yw lludw'n toddi,
gwn y byddaf yno,
a'm mymryn byw'n
swatio'n ôl-ddelwedd
dan ridens y lan
pan ddaw'r amser
(rywbryd).

# TESSERAE

*mewn ymateb i* Tesserae *gan Justin Connolly*

Cyfrif dy gamau
o'r dechrau i'r diwedd,
torra d'oriau
yn ddarnau mân,
chwytha bob sill
i befrio'r hwyrnos,
a gadael i'r wybren
aildrefnu dy gân.

# BLE MAE WASTAD WEDI BOD

## TYNNU CYFRWY

*mewn ymateb i* Rhiannon I–III *gan Sadie Harrison*

Os caewch eich llygaid,
daw'r canu'n nes. Bydd amser
yn dwyn adenydd.

Os caewch eich llygaid,
daw'r curiad. Ichi glywed
i ba le mae'n mynd.

Os caewch eich llygaid,
daw'r golau dros y llannerch.
A byddwch yn gweld –

mudandod ei gysgod gwyn
yn gwau trwy goron o goed
ar y bryn, osgo'r brenin ...
nid ffrwyno, na dwylo dyn,
na goddef dard y sbardun,
ond yn rhwym i dannau rhythm
dawns sidan, a llais anwel;
a thua'r hwyr, teithia'r haul
ar ei gefn, gan euro'i gam,
rywle ymhell, bell o'r byd –

os caewch eich llygaid.

# FE DDAW'R ALWAD

*mewn ymateb i* Blodeuwedd I–III *gan Sadie Harrison*

Mae yno,
... ble saif yr erwain
mor dal ym mhorfa las y ddôl,
a'r lliw yn atsain.

Mae yno
... ble saif y banadl,
a'r awel yn datod rhubanau,
gan daflu aur i'r nen.

Mae yno,
yn anadlu siâp y goeden,
ei llaw'n dynn am raff y gwraidd,
a mwsog yn melfedu migyrnau;

llithra'r briallu'n garthen i'r naill ochr iddi,
llywethau ei gwallt yn emrallt-blethu
dros ymyl y nant;

a fesul un, daw gweision y neidr
i gusan-fusnesa;

ni welaf ei hwyneb,
ei swildod yn ymgordeddu trwy'r dail;

ac ni chwiliaf amdani ymhellach ...

gwn y clywaf ei llais gyda'r nos,

yno

ble mae wastad wedi bod.

## RHYWBRYD, RHYWLE

*mewn ymateb i* Ceridwen I–III *gan Sadie Harrison*

Rhwng brath y storm
ac ust yr awel,

fe ddaw –

rhwng ras yr afon
a chrisial crwn
yng nghrud y ddeilen,

fe ddaw –

rhwng cysur tŷ
a rhyddid cae,
rhwng cysgod cwsg
a breuddwyd frau,
rhwng si-hei-lwli
a gwelwi croen,
rhwng ffurfio gwên
a chlywed poen,

rhwng aros yn fud
a llunio cerdd,

fe ddaw.

# COFIO

I mi, nid gwir fwrn, mwyach,
yw dilyn fy hun yn fach,
a gweld f'atgofion yn gwau
hen hanes â'u llinynnau
bregus; a heb eu rhwygo,
ac er clwyf wrth agor clo,
er ofni cam, rwyf yn cael,
o gofio, ollwng gafael.

# DIOLCHIADAU

Ar drothwy cyhoeddi'r casgliad hwn, hoffwn ddiolch yn ddiffuant i'r bobl sydd wedi bod yn rhan mor bwysig o'm taith.

Yn gyntaf, diolch i Bethany Celyn am ei gwaith caled, ei brwdfrydedd a'i gofal wrth lywio'r gyfrol hon trwy'r wasg.

Diolch o waelod calon i Tudur Dylan Jones a Mererid Hopwood am ddarllen y gwaith, am eu cyfeillgarwch, ac am eu cefnogaeth ddiysgog ers y cychwyn cyntaf.

Rwyf mor ddiolchgar i Dafydd John Pritchard am y geiriau calonogol a oedd yn hwb anhepgor imi ar ddechrau'r broses hon.

Llawer o ddiolch, hefyd, i Elinor Wyn Reynolds am ddarllen y gwaith, ac am ei chefnogaeth, ei chraffter a'r chwerthin.

Hoffwn ddiolch o waelod calon i Sioned Erin Hughes am ei holl gymorth, i Huw Meirion Edwards am y prawfddarllen gofalus, ac i Tanwen Haf am ddylunio clawr mor hyfryd. Mae llawer iawn o ddiolch i'r Cyngor Llyfrau am y cyfle ac am gefnogi'r gyfrol.

Hoffwn ddiolch i Alan Llwyd am ei gefnogaeth bob amser, ac wrth gwrs, mae diolch mawr i deulu Ysgol Farddol Caerfyrddin, i Barddas, ac i Meirion a Nesta Jones am eu cefnogaeth werthfawr.

Diolch i'm gŵr am bopeth sy'n bwysig.

# CYDNABYDDIAETHAU

'Atgof 1', *Ffosfforws* 4 (Cyhoeddiadau'r Stamp, 2023).

'Blas Gamblo', Bardd y Mis, BBC Radio Cymru, Gorffennaf 2024.

'Boduan', Instagram, 6ed o Awst 2023 [@jo.heyde].

'Collana', Bardd y Mis, BBC Radio Cymru, Gorffennaf 2024.

'Hedd', Instagram, 25ain o Ionawr 2024 [@jo.heyde].

'Trothwy', cylchgrawn *MODRON* 4, Gorffennaf 2024.

'Yng Nghanol y Ffordd', Bardd y Mis, BBC Radio Cymru, Gorffennaf 2024.

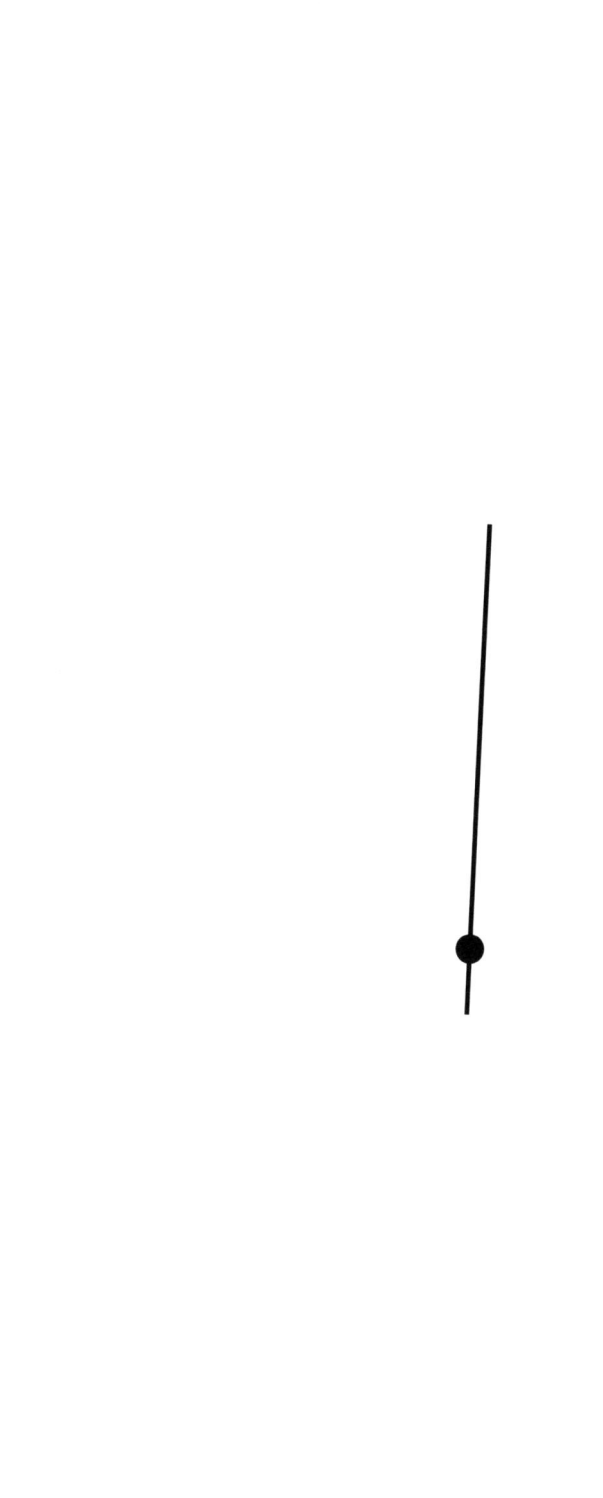

Cyhoeddiadau
**barddas**